Chez le même éd

RÊVER LE MONT-BLANC
DREAMS OF MONT-BLANC
Texte de Roger CANAC
Photographies de Robert TAURINES

MÉMOIRE PAYSANNE
Gestes et Traditions d'un Monde Paysan
Texte de Jean-Pierre SPILMONT
Photographies de Robert TAURINES

MÉMOIRE DE LA TERRE
Gestes et Traditions d'un Monde Paysan
Texte d'Andrée DUVERNAY
Photographies de Robert TAURINES

MÉMOIRE DES SAISONS
Gestes et Traditions d'un Monde Paysan
Texte de Claude CHATELAIN
Photographies de Robert TAURINES

LE DAHU
Légende vivante des montagnes
Texte et illustrations de Patrick LEROY

LE TEMPS DES MÉTIERS
Texte et photographies de Robert SCHULER

NOIRS DESSEINS
Nouvelles de Josette BUZARÉ
Illustrations de BUZNIK

VOYAGE SOUS NOS CENDRES
Roman de Gérard BOSSON

PHILGAN DE MONTJOIE
Roman de Fabrice CHATELAIN

RÊVE TIBÉTAIN
Texte de Fred LORENS
Illustrations de F.O. BRUNET

le dahu tome 2

encyclopédie complémentaire à la précédente

texte et illustrations
Patrick Leroy

EDITIONS DU MONT
LEGEND'

A mes parents...

© Editions du Mont
3, rue du Buet - 74100 Annemasse
e-mail: editionsdumont@wanadoo.fr

ISBN 2-9508216-7-7
EAN 9782950821676
Dépôt légal 2e trimestre 2002
Tous droits de traduction, reproduction,
adaptation, réservés pour tous pays.

Photographies : Jacqueline et Robert Taurines

Devant l'engouement manifesté par un large public face à l'ouvrage "Le dahu, légende vivante des montagnes", un second tome devait nécessairement paraître. Celui-ci s'est fixé pour objectif de répondre aux nombreuses interrogations des lecteurs qui, malgré certains sceptiques, ou même quelques railleurs obstinés, ont éprouvé un intérêt légitime envers cet animal si attachant.

Le premier volume se consacrait essentiellement à la morphologie toute particulière du dahu. Rappelons que ce mammifère possède des pattes plus courtes d'un côté que de l'autre. Une telle dissymétrie lui permet d'évoluer avec aisance sur les pentes.

Après un dur labeur de recherches et d'observations assidues sur les territoires des dahus, nous avons été contraints d'admettre que nos connaissances venaient de faire un grand bond en avant. Traditionnellement, en effet, on situait l'animal dans les Alpes ; or, on a dû constater que d'autres espèces peuplaient, toujours certes très discrètement, d'autres régions d'Europe, voire du monde. Au cours des millénaires, le dahu a évolué de façon différenciée suivant l'environnement, tout en conservant son mode de locomotion hypotrophique.

Ce second tome présente des documents historiques indiscutables de l'existence de l'animal depuis des siècles. Des témoignages tirés des arts et de la littérature complètent notre ouvrage. Aujourd'hui le dahu est en voie de disparition. La pluie et la neige, en continuant inlassablement leur travail d'érosion sur les massifs montagneux, risquent de priver l'animal des territoires pentus nécessaires à sa survie.

RÉSUMÉ DU TOME PRÉCÉDENT

Pour les personnes qui n'auraient pu consulter le tome 1 (encore en vente dans toutes les bonnes librairies), il nous a paru nécessaire de rappeler les particularités du dahu, avant d'entrer dans le vif du sujet.

Vivant dans les montagnes, le dahu est un proche cousin du chamois et du bouquetin. L'évolution de l'espèce a entraîné une dissymétrie dans la longueur des membres; en effet, ses pattes sont plus courtes d'un côté. Ce qui lui permet de se comporter avec aisance en terrain incliné sans la contrainte de devoir plier les genoux vers la partie la plus élevée du sol. On peut également rappeler que coexistent deux familles de dahus suivant le sens de la marche: le dahu senesterus et le dahu dexterus.

LE BRONTODAHUS

Un dahu sur les pyramides

En 1895, la découverte d'une chambre secrète dans la pyramide à degrés du Roi Djoser à Saqqarah (environ 3000 av. J.-C.), permit d'affirmer que les Egyptiens connaissaient le dahu. En effet, sur les murs peints de la pièce, on peut remarquer le profil d'un homme à tête de capridé. Il s'agit de la représentation de Dahusis, dieu de l'équilibre.

En 1852, l'abbé Torines, missionnaire dans la province du Yunnan en Chine, découvrit au hasard d'une promenade des restes bien étranges. Les paléontologues, dépêchés sur place, dégagèrent d'une houillère un magnifique squelette. Lors de leurs multiples tentatives, ils ne purent reconstituer les pattes tant certains os étaient surdéveloppés ou au contraire atrophiés. Dix ans plus tard, ce fut le professeur Henri Henkor, grand dahutologue du XIXe, qui apporta la réponse : le squelette appartenait en fait au brontodahus, lointain ancêtre du dahu. Daté du début de l'ère tertiaire, le brontodahus a rencontré sans doute les derniers dinosaures. Mesurant 5 mètres au garrot, il possédait des cornes très développées et de longs poils. Ses pattes asymétriques lui servaient à longer les volcans de l'époque.

Diane chasseresse

Dans le panthéon romain, Diane, divinité agraire, était la maîtresse de la chasse. Les sculptures de l'époque la représentent souvent en compagnie de cerfs ou de biches. Cependant, une statue conservée dans un village de la région montagneuse de Biella (nord de l'Italie), nous montre Diane en compagnie d'un cervidé ressemblant fort à un dahu.

LE DAROU

dahus adeaquatus picea

Le darou est un animal typique des Vosges. Malgré un aspect plus trapu, cette espèce se rapproche de son cousin des Alpes du Nord. Un détail cependant le différencie nettement. Vivant dans un milieu particulièrement boisé en résineux, il passe la plupart de son temps sous les arbres. Et là encore, cette espèce s'est adaptée à son milieu naturel. Pour ne pas s'accrocher aux branches basses des sapins et autres épicéas, une corne s'est presque totalement atrophiée. Ce qui permet à l'animal de passer soit en amont, soit en aval du tronc suivant l'espèce. Il en résulte ainsi quatre sous-espèces : le dahus dexterus corneus dexter ou sinister et le dahus senesterus corneus dexter ou sinister.

LE DAHU DES MARAIS

dahus costa paludis

Saint Georges terrassant le dahu

Bon nombre de légendes ont pris naissance au Moyen Age. Toute personne ou animal sortant de l'ordinaire étaient accusés de sorcellerie et qualifiés de monstre. La légende de saint Georges, martyr du IVe, raconte qu'il terrassa un dragon pour délivrer une princesse. Or, cette fresque (château d'Uffington, province de l'Oxfordshire, Angleterre), montre qu'il massacra allègrement un dahu, certainement le seul du Royaume-Uni.

Il habite dans un environnement naturel de marais, de bocage et autres milieux humides. Cependant, l'identification de cette espèce endémique reste malaisée. En effet, lorsqu'il marche dans l'eau, la dyssimétrie des membres reste invisible, et on le confond facilement avec un quelconque cervidé. Il faut alors observer attentivement le trajet parcouru pour se rendre compte que l'animal ne s'aventure jamais au centre du plan d'eau. De fait, il ne peut que longer les bords du marais en raison de la conformation de ses pattes. A remarquer également : son long museau qui lui sert à brouter algues et nénuphars.

LE DAHU DU DÉSERT

dahus méharis

Le dahu et le cubisme

En 1910, Marcel Machepain, artiste inspiré du cubisme, peint "Le dahu des alpages" après une promenade en Suisse au pied du Cervin. "L'ambiguïté essentielle du dahu dénonce l'illusion et analyse la réalité environnementale, dans la conceptualisation d'une démarche logique mais de synthèse qui annonce l'abstraction" dira-t-il plus tard. Malheureusement, il ne connut jamais la notoriété. "Le cubisme, passe encore, mais un dahu !" écrira le critique Léon Boudmou dans la revue "En-tête de l'Art", (juin 1912).

Une espèce particulière de dahu vit dans les régions sahariennes. Bien que ses pattes s'adaptent parfaitement à l'inclinaison des dunes, le dahu du désert ne marche que très peu. Et pourtant, n'est-ce pas étonnant, on peut retrouver le même individu quelques jours après à plus de cent kilomètres !!! Les bédouins, qui le croisent lors de leur transhumance, pensent que ce dahu aux poils clairs est source de magie. Un tel phénomène peut aujourd'hui s'expliquer. Les dunes se déplaçant par la force du vent, le dahu du désert en profite pour avancer avec elles. Ainsi, l'animal peut-il rester toute sa vie sur la même dune.

LE DAHU CHEVELU

dahus capra capillaris

Rennes ou dahus ?

Le traîneau du Père Noël tiré par des rennes appartient à l'imagerie de nos fêtes de fin d'année. C'est oublier qu'à l'origine de toute cette histoire, l'attelage du traîneau se composait de dahus. Car l'animal, en raison de sa morphologie spécifique, apparaissait le mieux adapté pour se poser sur nos toits pentus.

Le dahu chevelu se comporte de façon singulière. Outre qu'il possède la morphologie typique de sa famille, cet animal développe une forte pilosité. De longs poils tombent sur ses yeux, le privant totalement de la vue; ce qui l'oblige à rester sur place. Et là encore, la parfaite adéquation de l'animal avec les conditions de vie apparaît remarquable. Ce n'est pas par hasard que l'on retrouve cette espèce dans la basse vallée du Rhône. Le mistral en est la cause. Lorsque ce vent du nord souffle violemment, les poils de la bête sont rabattus en arrière, et notre dahu peut alors avancer à la recherche de nouveaux verts pâturages.

LE DAHOUGANA

dahus africanus girafa

Phénomène dahutrope 1 : le faux requin

On peut remarquer qu'au sein du monde animal, certaines espèces présentent une communauté d'aspect avec le dahu. Cette similitude porte le nom de "phénomène dahutrope". Le faux requin est un exemple flagrant. Ce mammifère marin de la famille des cétacés éloigne les prédateurs en se faisant passer pour un requin. Une des nageoires beaucoup plus développée fonctionne comme une quille. L'autre sort de l'eau et ressemble en tout point à un classique aileron de requin.

L'Afrique possède également son espèce de dahu qui évolue sur les pentes volcaniques du Kilimandjaro. Ses longues pattes lui permettent de courir à des vitesses impressionnantes. Ainsi, il distance facilement les lions et même les guépards. Pourtant, seule la hyène Rigaulpa, carnivore fréquentant ces pentes sulfureuses, a mis au point une technique de chasse étonnante. Il lui suffit d'apparaître en poussant son cri sinistre devant le dahougana ; ce dernier, effrayé, se retourne pour fuir et c'est inévitablement la chute fatale.

LE DAHU DES CANAUX

dahus canalis

Durant très longtemps, les savants ont estimé que le dahu appartenait exclusivement à la faune montagnarde. Or depuis peu, on a découvert une espèce de dahu vivant en plaine et tout particulièrement le long des canaux. Surtout localisé en Belgique et dans le nord de la France, ce dahu utilise la différence de taille de ses pattes pour descendre ou remonter les berges des canaux et des rivières. Le comportement de cette population endémique a été vite rapproché de celui du saumon. En effet, le dahu remonte un canal depuis la mer du Nord et vient vêler (le dahu vêle) à la première écluse rencontrée. Lorsque les petits ont atteint la force suffisante, ils traversent le canal à la nage et redescendent vers la mer sur l'autre rive.

Phénomène dahutrope 2 : le vautahu de Calatayud

Le vautour peut tournoyer dans le ciel durant des heures à la recherche de cadavres d'animaux. il plane de longs moments. Cependant il doit constamment modifier l'angle de ses ailes pour pouvoir tourner. Dans cette grande famille des vautours, le vautahu de Calatayud possède une aile plus longue. Ainsi la portance de celle-ci influe-t-elle sur la trajectoire du rapace qui décrit un vol circulaire sans le moindre effort.

LE DAHU DU TIBET

dahus himadalaïlamus

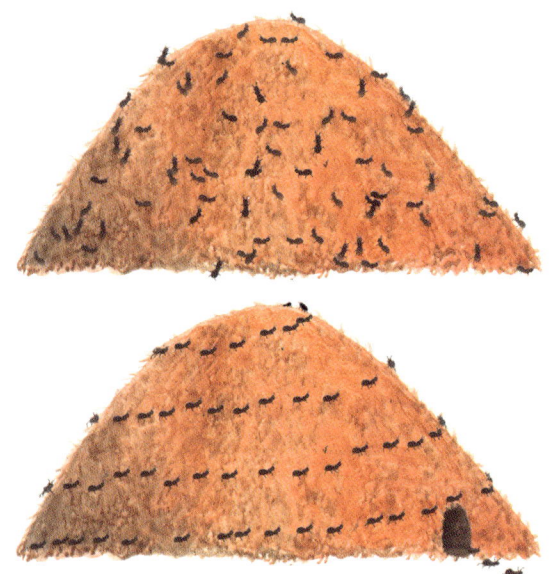

Phénomène dahutrope 3 : la fourmi circulaire

Si l'on observe une fourmilière, on peut remarquer que les fourmis se déplacent dans tous les sens, ce qui donne une pénible impression de désordre. Dans une colonie de fourmis circulaires, les trajectoires se font en cercle. La montée s'effectue à partir de l'extérieur alors que la descente se fait à l'intérieur avec une sortie au pied de la fourmilière. "La marche serpentine", tel est son nom, s'explique par la taille particulière des pattes de ces insectes plus courtes d'un côté. Comme pour le dahu, on dit d'une fourmilière qu'elle est dexterus ou senesterus suivant l'espèce.

Le dahu du Tibet possède un corps massif recouvert de longs poils. Il évolue sur les pentes himalayennes. Une certaine confusion s'est parfois installée dans l'esprit des Tibétains. En effet, ces derniers ont souvent confondu le dahu avec un vulgaire yéti. Les témoignages relatifs à l'abominable homme des neiges, laissent à penser que la peur et l'ignorance face à ces apparitions ont, en fait, déformé l'image du dahu. Les empreintes découvertes sur la neige ne permettent aucun doute quant à la présence du dahu sur le Toit du monde. Des confusions sont également à signaler avec l'almasty du Caucase et le big-foot de l'Ouest américain.

LE DAHU NAIN

dahus capra nanus

De taille réduite, le dahu nain reste certainement le plus difficile à observer. Seul animal de son espèce de moeurs nocturnes, il possède un comportement très craintif. Au moindre bruit suspect, il se réfugie dans son terrier, habitat qui le distingue de ses congénères. Celui-ci est d'ailleurs unique en son genre. Adapté à la morphologie de l'animal, le sol de la cavité présente une pente transversale. Cependant, le dahu nain ne peut ni se retourner, ni sortir à reculons sans exposer son postérieur aux prédateurs. Aussi son terrier est-il le seul à posséder une entrée et une sortie. Il est d'ailleurs difficile de différencier le terrier d'un dahu senesterus avec celui d'un dahu dexterus.

Le Nosfédahus

Le Nosfédahus, appelé également dahu des Carpates, est une créature très troublante du folklore de l'Europe Centrale. On dit qu'il suce le sang des randonneurs en plantant ses dents acérées dans leurs pieds. Les habitants de ces contrées racontent que lorsqu'on se trouve en face du Nosfédahus, il ne faut surtout pas fuir, mais bien au contraire, passer à côté de lui en l'esquivant. Ne pouvant se retourner, le dahu des Carpates devient inoffensif.

LE DAHUSSARD

dahus capra lubricum

Les expressions dahutesques

Un grand nombre d'expressions de la vie courante nous vient de l'observation du monde animal (un travail de fourmis, malin comme un singe, papillonner, etc...). Le dahu n'échappe pas à ces métaphores imagées. Par exemple : "droit comme un dahu" se dit d'une personne pouvant s'adapter rapidement, "avoir un dahu dans le nez" est utilisé pour un individu ivre se tenant contre un mur ; enfin, "être comme un dahu en plaine" signifie être arrivé au bout de soi-même.

Le dahussard vit dans les régions bordant le bassin méditerranéen. Il côtoie les troupeaux de chèvres, voire même de moutons, pour le plus grand malheur des éleveurs. En effet, à la période du rut, ce dahu "surprend" les chèvres qui plus tard donneront le jour à des chevreaux dont les pattes s'avèrent inadéquates à la vie pastorale. On a longtemps pensé que le dahussard avait soit des problèmes de vue, soit une certaine angoisse par rapport à la survie de son espèce. En fait, après observation, il s'avère que l'animal ne respecte rien.

Le cimetière des dahus

A la fin de leur vie, les dahus vivent seuls à l'écart des troupeaux. On les reconnaît à leurs cornes impressionnantes et à une dissymétrie latérale encore plus accentuée. Sentant venir la fin, les vieux dahus se mettent en marche vers un lieu inconnu des hommes. On suppose que ces mammifères s'en vont mourir dans un lieu appelé, non sans respect, "le cimetière des dahus".

TOUT ET N'IMPORTE QUOI

Il existe suivant les régions de nombreuses légendes inspirées du véritable dahu. Bien souvent, la morphologie diffère de l'original, jusqu'à s'éloigner totalement de la branche des mammifères. C'est le cas de ce dahu devenu corneille évoluant dans les massifs alpins, ou de cet iguane des Antilles appelé "dahuguane". On le dit aussi cousin du lièvre ou du renard. Certains le classent même dans l'ordre des carnivores. De telles traditions persistantes paraissent ne reposer que sur des délires hallucinatoires. Elles constituent malheureusement un obstacle à l'étude scientifique de cet animal hors du commun.

Le canular n'a pas sa place ici !

Appeau à dahu

Le cri du dahu

Chez le dahu, le mâle et la femelle émettent un son guttural différent. On dit que le mâle râle et que la femelle se plaint. D'autres termes sont utilisés localement. On dit par exemple que le dahu binaille, chafouine ou blugouaque. La seconde originalité de ce cri : il ne se produit qu'une fois l'an, le jour de la reproduction.

L'OBSERVATION DU DAHU

Avant de partir en exploration sur les territoires des dahus, l'observateur assidu devra se munir de l'équipement de base suivant :

1. un appareil photo avec un téléobjectif 2500 mm
2. un casse-croûte (en attendant...)
3. une lime à ongles (pour patienter)
4. des pansements
   (à force de se limer les ongles)
5. des croquettes pour dahus
   (remuer la boîte... ça les attire)
6. une bombe "senteur dahu"
   (pour ne pas se faire repérer)
7. une bouée et un tuba
   (pour l'observation du dahu des marais)
8. un casque de spéléologie
   (pour le dahu nain)
9. une pince
   (pour s'assurer que l'on ne rêve pas)
10. une paire de jumelles à optique dahutique

et bien sûr beaucoup de patience...

L'auteur et son éditeur à l'affût sur le territoire des dahus

Patrick Leroy et les Editions du Mont remercient chaleureusement tous les passionnés pour leurs lettres et leurs e-mails faisant suite à l'appel à témoins lancé dans le premier tome. En raison de son travail de recherches et d'observations, l'auteur présente ses excuses de n'avoir pas trouvé le temps nécessaire pour répondre aux montagnes de courrier, montagnes sur lesquelles, un soir de dur labeur, il crut apercevoir un...

Sincères remerciements :

à Marcel Jacquat, dahutologue éminent et fidèle veilleur de la pensée cryptozoologiste,

à Vincent, grand inquisiteur des structures syntaxiques, morphologiques et phonétiques de notre belle langue française, sans qui les textes serait plain de fote et pas compré en cible,

et enfin, à tous les autres pour leur savoir-faire, leurs conseils, leur humour et leur gentillesse, eux sans qui le dahu n'aurait pas marché...

Et maintenant, à vos jumelles ! ! !